AF494210

Vente du Lundi 22 Janvier 1872

TABLEAUX

AQUARELLES ET DESSINS

EXPOSITION PUBLIQUE : le Dimanche 21 Janvier 1872

Me PHILIPPE LECHAT	M. MILHÈS
COMMISSAIRE-PRISEUR	EXPERT
rue Saint-Lazare, no 64.	rue Fontaine, no 40.

PARIS — 1872

RENOU ET MAULDE

IMPRIMEURS DE LA COMPAGNIE DES COMMISSAIRES-PRISEURS

Rue de Rivoli, 144

CATALOGUE

DES

TABLEAUX

Anciens et Modernes

AQUARELLES ET DESSINS

PROVENANT POUR LA PLUPART

DE LA COLLECTION DE Mme T^i^

Dont la vente aura lieu

HOTEL DROUOT, SALLE N° 3

Le Lundi 22 Janvier 1872

A DEUX HEURES

Par le ministère de **Me PHILIPPE LECHAT**, Commissaire-Priseur, rue Saint-Lazare, 64,

Assisté de **M. MILHÈS**, Expert, rue Fontaine, 40,

Chez lesquels se distribue le présent Catalogue.

EXPOSITION PUBLIQUE

Le Dimanche 21 Janvier 1872, de 2 heures à 5 heures

PARIS — 1872

CONDITIONS DE LA VENTE

Elle sera faite au comptant.

Les Adjudicataires paieront CINQ POUR CENT en sus des enchères, applicables aux frais.

DÉSIGNATION

TABLEAUX

BERCHÈRE

1 — Halte dans une oasis.

BREST

2 — Marché ; scène orientale.

BREUGHEL ET VAN BALEN

3 — Diane et ses Nymphes au repos dans un paysage.

BURKEL

4 — Paysage avec figures et animaux.

BILCOQ

5 — Enfant faisant des bulles de savon. (Louis XVII ?)

BOILLY

6 — Jeune Femme assise sur un canapé.

CABAT

7 — Ferme normande, paysage et animaux.

DAUZATS

8 — Intérieur d'une Cour.

DORCY

9 — Tête de jeune Fille.

GRIMOUX

10 — Buveur.

JACQUES (Ch.

11 — Cour de ferme.

JONGKIND

12 — Paysage.

LEPRINCE (J.-B.)

13 — Jeune Fille donnant à manger à une nichée d'oiseaux.

MARILHAT

14 — Paysage a Auvergne, avec figures et animaux.

MULLER (Ch.-L.)

15 — Les petits Marchands de fruits.

PALIZZI

16 — Troupeau de moutons rentrant à la ferme.

FLEURY (Robert)

17 — Moines et Paysans; scène italienne.

ROQUEPLAN (C.)

18 — Le Tombeau de Virgile.

ROUSSEAU (Th.)

19 et 20 — Le Printemps, l'Automne.

Deux esquisses faisant pendant et provenant de la vente de Th. Rousseau.

Pourront être divisées.

SCHOENFELD

21 — Effet d'hiver ; paysage et figures.

SENAVE

22 — Le Repas rustique (Grand nombre de figures).

TROYON (C.)

23 — Vaches dans un paysage.

(Vente Troyon).

ZIEM

24 — Vue du Lac de Garde.

AQUARELLES ET DESSINS

ALBUMS

25 — Quatre Albums de costumes des ballets dans lesquels a figuré madame Taglioni ; quelques-uns signés par elle et dus au pinceau de célébrités de l'époque : Isabey, etc., etc.

Seront divisés.

AIVASOFFSKI

26 — Marine.

Sépia.

AIVASOFFSKI

27 — Quatre Marines.

pia.

BENTLEY (Charles)

28 — Marine (École anglaise).

BISI (L.)

29 — Intérieur de la Cathédrale de Milan.

Aquarelle.

BISI (L.)

30 — Extérieur de la Cathédrale de Milan.

Aquarelle.

BONINGTON (Attribué à)

31 — Deux Vues de Venise.

Aquarelles.

CANOVA

32 — Déesse antique.

Crayon. Rare.

CARON

33 — Paysage.

Aquarelle.

CHARLET

34 — Buveurs attablés.

Dessin au crayon.

CICERI (E.)

35 — Le vieux Château, à Bade.

Aquarelle.

CICÉRI (E.)

36 — Paysage et Figures.

Aquarelle.

COURDOUAN (V.)

37 — Côtes de la Méditerranée.

Aquarelle.

DAUZATS

38 — Architecture et Paysage.

Aquarelle.

DECAMPS

39 — Jeune Femme arabe portant un vase sur la tête; différents Groupes de personnages se détachant sur un paysage oriental.

Aquarelle.

DECAMPS

40 — Cavalier arabe passant un gué.

Première pensée du tableau de l'artiste.

(Vente Decamps).

Dessin rehaussé.

DELACROIX (E.)

41 — Pêcheurs marocains.

Crayon.

DELACROIX (E.)

42 — Étude pour le tableau le Massacre de Scio.

Dessin rehaussé.

DELACROIX (E.)

43 — Cheval arabe conduit par son cavalier.

Aquarelle.

DESPLACES

44 — Vue de Suisse.

Petite peinture.

DUVAL (L.)

45 — Jeune Femme endormie.

Aquarelle.

ECKHOUT (Victor)

46 — Pêcheurs au bord de la mer.

Aquarelle.

ECKHOUT (Victor)

47 — Le Pêcheur.

Aquarelle.

FOREST (E.)

48 — Chien et attributs de chasse.

Dessin à la plume.

GAUME

49 — Jeune Femme à sa toilette.

Aquarelle.

GAUME

50 — Jeune Femme travaillant.

Aquarelle.

GÉRICAULT

51 — Taureau furieux.

Dessin au crayon estompé.

GIGANTI

52 — La Cava (Naples).

Aquarelle.

GIGANTI

53 — La rue des Tombeaux (Pompéi).

Aquarelle.

GREUZE

54 — La Grand'mère.

(Vente Norblin.)

Dessin à l'encre.

GUDIN (Théodore)

55 — Marine.

Aquarelle.

GUÉ (O.)

56 — Paysage.

Sépia.

HILDEBRANDT (E.)

57 — Enfants et Chiens dans une cabane.

Aquarelle.

INCONNU

58 — Brigand des Abruzzes.

Aquarelle.

ISABEY

59 — Paysan au repos.

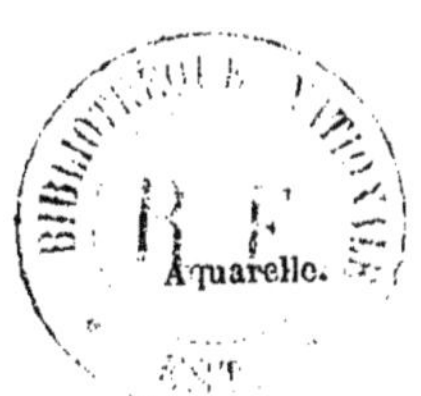

Aquarelle.

JADIN

60 — Gibier et Groupe de personnages au second plan.

Aquarelle.

JOHANNOT (A.)

61 — Charles VI et Odette.

Aquarelle.

JOHANNOT (Tony)

62 — Esmeralda.

Aquarelle.

JOHANNOT (Tony)

62 — Tom Jones.

Aquarelle.

JOHANNOT (Tony)

64 — École des vieillards.

Aquarelle.

LAMY (Eugène

65 — Scène de carnaval.

Lord Seymour dans sa voiture, accompagné de ses amis.

Aquarelle.

LEPOITEVIN

66 — Homme assis dans un paysage.

Aquarelle.

LEPRINCE (J.-N.)

67 — Jeune Femme en costume polonais.

Dessin à plusieurs crayons.

MARVY

68 — Chaumière.

Dessin rehaussé.

MONNIER (H.)

69 — Cocher.

Aquarelle.

D'ORSCHEVILLERS

70 — Le Singe peintre.

Crayon et Aquarelle.

D'ORSCHEVILLERS

71 — La Polka.

Crayon et Aquarelle.

OVERBECK

73 — La Salutation angélique.

Dessin au crayon. (Raré.)

PIGAL

74 — Un Cadeau au curé.

Aquarelle.

PIGAL

75 — L'Amateur de melon.

Aquarelle.

PIGAL

75 — Le Marchand de coco.

Aquarelle.

PIGAL

76 — Le Barbier de village.

Aquarelle.

PINELLI

77 — Fête agricole (Naples).

Aquarelle.

PRUD'HON

78 — Portrait de Mme Cottin. (?)

Dessin rehaussé.

ROQUEPLAN (C.)

79 — Onze Études.

Dessin.

ROQUEPLAN (C.)

80 — Douze études.

Dessin.

ROQUEPLAN (C.)

81 — Femme romaine.

Dessin.

ROQUEPLAN (C.)

82 — Deux Sujets.

Dessin.

ROQUEPLAN (C.)

83 — Femme romaine.

Dessin.

ROQUEPLAN (C.)

84 — Deux Sujets.

Dessin.

ROQUEPLAN (C.)

85 — Neuf études.

Dessin.

ROSSI (A.)

86 — Portrait d'Héloïse, médaillon entouré d'une couronne de fleurs.

Aquarelle.

SPINDLER (E.)

87 — Dragons autrichiens devant une auberge.

Aquarelle.

TIEPOLO (J.-B.)

88 — Faunes.

Dessin à la plume.

TIEPOLO (J.-B.)

89 — Renaud dans le jardin d'Armide.
Herminie chez les bergers. Pourront être divisés.

Deux Gouaches faisant pendants.

VALERIO

90 — Le Garde-chasse.

Crayon rehaussé.

VALERIO

91 — La Villageoise à cheval.

Crayon rehaussé.

VENAGLIANO (Eug.-Boja)

92 — Le Marchand de poisson.

Aquarelle.

---

93 — Sous ce numéro seront vendus quelques lots de dessins, signés L. Boulanger, Palizzi, V. Hugo, Bourgeois, etc.

Renou et Maulde, Imprimeurs de la Compagnie des Commissaires-Priseurs rue de Rivoli, 144. 15892

www.ingramcontent.com/pod-product-compliance
Ingram Content Group UK Ltd.
Pitfield, Milton Keynes, MK11 3LW, UK
UKHW020533180726
13839UKWH00005B/2477

9 782329 543901